BEI GRIN MACHT SICH IHR WISSEN BEZAHLT

Helmut Roderer

Grafische Benutzerschnittstelle für Matlab

GRIN Verlag

Bibliografische Information der Deutschen Nationalbibliothek:

Die Deutsche Bibliothek verzeichnet diese Publikation in der Deutschen National-bibliografie; detaillierte bibliografische Daten sind im Internet über http://dnb.d-nb.de/ abrufbar.

Impressum:

Copyright © 2011 GRIN Verlag GmbH
Druck und Bindung: Books on Demand GmbH, Norderstedt Germany
ISBN: 978-3-656-10591-6

Dieses Buch bei GRIN:

http://www.grin.com/de/e-book/184839/grafische-benutzerschnittstelle-fuer-matlab

GRIN - Your knowledge has value

Der GRIN Verlag publiziert seit 1998 wissenschaftliche Arbeiten von Studenten, Hochschullehrern und anderen Akademikern als eBook und gedrucktes Buch. Die Verlagswebsite www.grin.com ist die ideale Plattform zur Veröffentlichung von Hausarbeiten, Abschlussarbeiten, wissenschaftlichen Aufsätzen, Dissertationen und Fachbüchern.

Besuchen Sie uns im Internet:

http://www.grin.com/

http://www.facebook.com/grincom

http://www.twitter.com/grin_com

Grafische Benutzerschnittstelle für Matlab

Helmut Roderer

Professor Dipl.Ing. HELMUT RODERER, geboren 1936 in Würzburg, studierte Regelungstechnik und technische Elektronik an der Technischen Universität Darmstadt. Ab 1964 arbeitete er in der Industrie, hauptsächlich bei der Dornier AG. Seit 1973 lehrt er an der Hochschule für angewandte Wissenschaften Würzburg-Schweinfurt das Fach Prozessdatenverarbeitung im Studiengang Informationstechnik.

Bei der Erstellung dieses Programmsystems wurden *MATLAB* -Funktionen der *MATLAB* -Version R2007b benutzt.

Inhaltsverzeichnis

0

1 Einführung

Drei Eigenschaften zeichnen Matlab aus:

→ Umfangreiche Programme zur Lösung mathematischer Probleme.

→ Vielfältige Möglichkeiten zur grafischen Darstellung von Ergebnissen.

→ Funktionen zum Aufbau einer *grafischen Mensch-Maschine-Schnittstelle (Graphical User Interface (GUI))*

Eine mögliche Realisierungsform der Mensch-Maschine-Schnittstelle ist Gegenstand dieser Abhandlung. Die Standardversion besteht im Kern aus drei Elementen:

→ Einem *Menu* mit in der Regel frei wählbarer Breite im linken Bildschirmbereich. Für das Menu gilt:

  – Alle Elemente eines Menus werden untereinander in einem Figure angeordnet.

  – Das Beispiel in Abbildung 1.1 wurden mit dem *Muster-Menuprogramm*, das in einem späteren Kapitel dokumentiert wird, erzeugt.

  – Die Menuelemente wurden auf der Basis der Matlabfunktion *uicontrol* entwickelt.

  – Sie sollen den Aufruf von Funktionen, die Auswahl aus mehreren Programmmöglichkeiten, die Dateneingabe und begrenzt die Datenausgabe ermöglichen.

  – Jede Betätigung einer aktiven Menuzeile wird in eine Aktion des Menuprogramms umgesetzt.

  – Eine Menuzeile wird bei der Programmierung durch einen String dargestellt. Diese Strings werden in der Reihenfolge der Menuzeilen in eine Stringmatrix zusammengefasst.

→ Einem Zeichnungsungsfenster, verkürzt auch nur Fenster oder Figure genannt, auf dem restlichen Bildschirm.

→ Weitere Hilfsmenus und Darstellungsfenster.

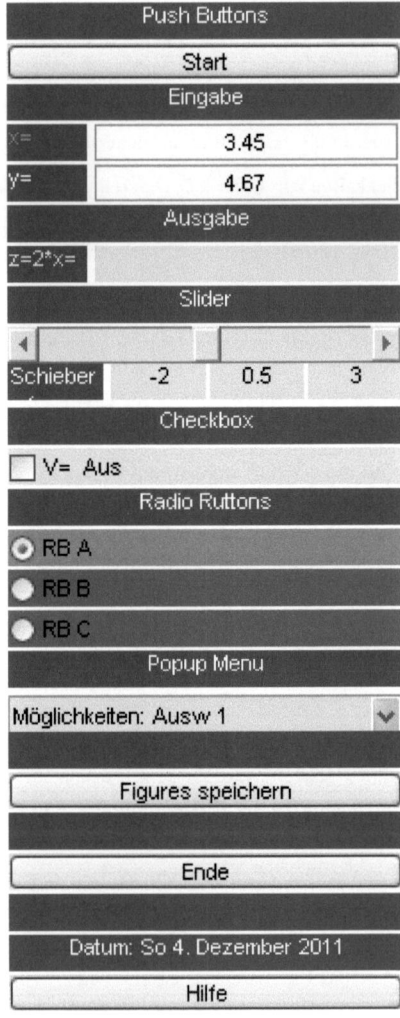

Abbildung 1.1: Beispiel für ein Menu

2 Definition eines Menus

→ Eine Menuvereinbarung wird als Stringmatrix dargestellt. Ein Menuelement wird durch eine Zeile, auch *Definitionsstring* genannt, beschrieben.

→ Bei der Realisierung des Menu erscheinen die Elemente untereinander in der Reihenfolge, die durch die Zeilenfolge in der Stringmatrix festgelegt ist.

→ Die verschiedenen Menuelemente mit den zugehörigen Definitionsstrings sind in Tabelle 2.1 zusammengefasst.

Tabelle 2.1: Elemente eines Menu

Menuelement	Definitionsstring	A
Pushbottom	'P/Text 1/CB 1 {/Text 2/CB 2 }'	1
Eingabezeile	'I/Text/Defaultwert{/CB}'	1
Ausgabezeile	'O/Text'	1
Slider	'S/Text/Minimalwert/Maximalwert{/CB}'	2
Checkbox	'C/Text/CB bei Aus/CB bei Ein/Aus-Text/Ein-Text'	1
Radiobutton	'R/Text/Gruppennummer{/CB}'	1
Popup Menu	'Z/Text 1|Text 2|...Text n{/CB/Beschreibung}'	1
Meldungszeile	'M/Text{/Vordergrungfarbe/Hintergrundfarbe}'	1

In der Spalte A ist die Zahl der Zeilen für die Realisierung eines Menuelements angegeben.

→ Es ist folgendes dabei zu beachten:

– Mit { } geklammerte Angaben können entfallen.

– Die Teilstrings der Form CB sind Abkürzungen für die Callbackfunktion $'cbfun(n,m)'$. Dieser String kann auch verkürzt mit $*n, m$ dargestellt werden. n und m sind Kennzahlen. m kann fehlen. Der String $cbfun$ wird dann in der Funktion *panel* gewählt.

– In der obigen Tabelle wird im Definitionsstring das Zeichen / als *Trennzeichen* benutzt. Es kann nahezu jedes Zeichen als Trennzeichen benutzt werden. Die Ausnahmen sind:

* Das Zeichen * darf nicht als Trennzeichen benutzt werden.

* Das Zeichen | darf nicht als Trennzeichen in Menus verwendet werden, in denen ein Popup Menu vorkommt, da es dann eine Spezialbedeutung erhält.

3

- Bei den Checkboxes werden *Text* immer und *Aus−Text* bzw. *Ein−Text* nur bei der entsprechenden Stellung angezeigt.

- Bei der Meldungszeile ist sowohl die Vordergrund- als auch die Hintergrundfarbe aus den Standardfarben *cmyrgbwk* wählbar. Für die Hintergrundfarbe ist zusätzlich *grau (gr)* möglich.
  Bei fehlenden Angaben wird für die Hintergrundfarbe k und für die Vordergrundfarbe w gesetzt.

- Alle Elemente gleichen Typs (mit Ausnahme der Radiobuttons) werden, beginnend mit Eins, fortlaufend nummeriert.

- Zusammengehörige Radiobuttons werden als Gruppe bezeichnet. Eine Gruppe wird durch eine Gruppennummer gekennzeichnet.

- Wirkungen, die durch Aktivierung von Menuzeilen entstehen, können auch durch Eingaben im MCW erreicht werden. Das Verfahren wird bei der Beschreibung der Bedienfunktionen erläutert.

3 Die Standardversion des Menus

3.1 Erzeugung

→ Die Standardversion eines Menus wird mit den Properties in Tabelle 3.1 beschrieben.

Tabelle 3.1: Properties der Panelfunktion

Nr.	Propertyname	Funktion	Defaultwert	Alternat.
1	Breite	Breite des Panels	250	Zahl
2	Eafb	Breite des Textes bei EA-Feldern	50	Zahl
3	Schrift	Schrift bei bei EA-Feldern und PB	'normal'	'prop'
4	Text	Stringmatrix der Definitionstrings	'txt'	Strm
5	Trenner	Trenner in Definitionstrings	'|'	Zeichen
6	Callback	Callback	'*'	'Pr.Name'
7	Sichtbarkeit	Sichtbarkeit des Panels	'on'	'off'
8	Menuetext	Panelbezeichnung	'*'	String
9	Datum	Datum als Meldung	'yes'	'no'
10	Hilfe	Hilfefunktion als Pushbotton	'yes'	'no'
11	Zentrieren	Zentrierung des Panels	'no'	'yes'
12	Panl	Menubar bei Menu	'none'	'figure'
13	Figure	Einrichten eines Fensters	'yes'	'no'
14	Figsicht	Sichtbarkeit des Fensters	'yes'	'no'
15	Figname	Figurebezeichnung	'Darstellung'	String
16	Figzahl	Nummerntitel	'off'	'on'
17	Figmenubar	Standartmenuebar	'figure'	'no'
18	Hintergrund	Hintergrund erzeugen	'yes'	'no'

→ Bei Einstellung der Property *Hilfe* auf *'yes'* wird bei Betätigung des erzeugten Pushbottons der erste Kommentarblock der rufenden Funktion im Help-Fenster angezeigt.

→ Jedem Menuelement ist ein Handle zugeordnet. Die Handles der Elemente gleichen Typs sind zu Vektoren zusammengefasst. Die Tabelle 3.2 zeigt die Struktur der Handles.

Tabelle 3.2: Struktur des Handle H

Nr.	Element	Bedeutung
1	H.i	Handles der Eingabefelder
2	H.o	Handles der Ausgabefelder
3	H.s	Handles der Slider
4	H.c	Handles der Checkboxes
5	H.p	Handles der Pushbuttons
6	H.m	Handles der Meldungen
7	H.z	Handles der Popup-Menus
8	H.r	Handles der Radiobuttons
9	H.rg	Gruppennummer der Radiobuttons
10	H.fig	Menu-Handle
11	H.v	Zeichnungsfensterkoordinaten (V, gem. Position)
12	H.zfg=F	Zeichnungsfenster-Handle
13	H.bgr	Hintergrund-Handle

→ Zusammen mit dem Menu kann auch ein Figure erzeugt werden. Hierzu ruft man die Funktion:

[H,F]=panel('Propertyname',Propertyvalue, ...)
H: Handlestruktur des Menus, F: Figure-Handle.
Nur die ersten vier Buchstaben des Propertynamens werden bei der Auswertung benutzt.
Ein angegebener Propertyvalue ersetzt den Defaultwert.

3.2 Funktionen für das Menu

→ Es können auch mehrere Menus in einem Programm existieren. Sie werden nacheinander mit der Funktion *panel* erzeugt.

→ Zur Umschaltung zwischen je zwei Menus dient die Funktion:

mensw(H1,H2)   Umschalten von Menu 1 auf Menu 2

→ Man kann das Menu auch an- und abschalten:
menon(H)   Menu wird sichtbar.
menoff(H)   Menu wird unsichtbar.

→ Wird das Menu aus irgend einem Grund am Bildschirm verschoben, so kann es mit der Funktion

menuverschieben(H)

wieder auf seinen programmierten Platz verschoben werden.

6

3.3 Funktionen für Figures

→ Beliebig viele Figures können erzeugt, gelöscht oder geleert werden:

figure(F)   Erzeugen
delete(F)   Löschen
figcl(F)   Leeren

→ Bei manchen Anwendungen benötigt man neben dem Menu zwei Zeichnungs-fenster. Um dies zu erreichen, erzeugt man mit *panel* das Menufenster und *ein* Fenster.

Das *zweite* Fenster erzeugt man nun mit:

B=fensterteilung(A,Name,sw)   Aufspalten in zwei Fenster
A ist der Handle des aufzuspaltenden Fensters. Nach Abschluß der Funktion ist es der Handle des linken oder oberen Fensters.
sw='senkr': Nebeneinander liegende Fenster.
sw='waag': Übereinander liegende Fenster.
B ist der Handle des rechten oder unteren Fensters mit dem *Namen*.

→ Ein weiteres Fenster wird unter dem Menu mit Handle H mit

Z=makefig(H,'Name')

gebildet.

→ Man kann das Zeichnungsfenster ebenfalls an- und ausschalten:

figon(F)   Zeichnungsfenster wird sichtbar.
figoff(F)   Zeichnungsfenster wird unsichtbar.
mfon(H,F)   Menu und Zeichnungsfenster werden sichtbar.
mfoff(H,F)   Menu und Zeichnungsfenster werden unsichtbar.

3.4 Entfernung von Menus und Zeichnungsfenstern

Zum Entfernen von Fenstern kann man die Matlabfunktion *delete(Handle)* oder auch:

delhand(H,{F},F_i...)   Fenster zu allen angegebenen Handles entfernen.

Ist die Struktur H oder der Handle F ungültig, so sind die Funktionen wirkungslos. Siehe auch das Kapitel über die Menuverwaltung bei geschachtelten Funktionen.

3.5 Meldungsfenster

Ein einfaches Meldungsfenster ergibt sich durch Aufruf der Funktion:

M=shortmsg({fname,nachr})

In einem Fenster mit Handle *M* mit Namen *fname* wird die Nachricht *nachr* aus-gegeben.

4 Funktionen für Bedienelemente

4.1 Einführende Bemerkungen

Bei den nachfolgenden Funktionsbeschreibungen gilt:

→ H ist stets der vollständige Handle-Vektor.

→ *pos* bezeichnet einen Vektor von Nummern der Menuelemente gleichen Typs auf die die Funktion wirken soll.

4.2 Pushbuttons

→ Die Betätigung eines Pushbottons löst einen Programmaufruf (Callback) aus. Desweiteren können maximal zwei Kennziffern übergeben werden.

→ Bezüglich ihrer Wirkung existieren zwei Arten von Pushbuttons:

  – Typ 1: Es wird im Definitionsstring nur $Text1$ und $CB1$ angegeben. Bei Betätigung wird der Callback 1 ausgeführt.

  – Typ 2: Bei Betätigung wird zwischen den Beschriftungen und den beiden Callbacks getoggelt.

→ Die aktuelle Beschriftung kann man auslesen:

  str=getpbt(H,pos)

→ Man kann die Beschriftung und den Callback eines Typ1-Pushbuttons verändern. Hierzu dient die Funktion:

  pbch(H,n,str{,cb})

  Die Beschriftung (*str*) und der Callback (*cb*) des n-ten Pushbuttons wird geändert. Fehlt cb, so wird der alte Callback beibehalten. Nach einer Betätigung wird die alte Einstellung wieder eingestellt.

→ Der Callback eines Pusbutton kann ab- und wieder zugeschaltet werden. Hierzu dienen die Funktionen:

  pbdeak(H,pos)   Pushbuttonbetätigung wird wirkungslos.
  pbakt(H,pos)   Pushbuttonbetätigung wirkt wieder.
  Bei Deaktivierung wird die Beschriftung durch (*inaktiv*) ergänzt.

→ Die Betätigung eines Pushbuttons kann durch Aufruf des im Definitionsstring angegebenen Callbacks im MCW simuliert werden. Dabei ist gegebenenfalls die Wirkung der Funktion *pbch()* zu beachten!

→ Pushbuttons können geschaltet werden:

pbon(H,pos)	Anschalten
pboff(H,pos)	Abschalten
pbtog(H,pos)	Toggeln

4.3 Eingabefelder

4.3.1 Einführung

→ Eingabefelder dienen der Eingabe von Daten und der Auslösung von Callbacks.

→ Ein Eingabefeld besteht aus einem Textfeld und dem eigentlichen Eingabebereich für numerische oder alphanumerische Information. Bei der Initialisierung kann der Eingabebereich mit einem Wert belegt werden.

→ Das Eingabefeld kann mit der *Maus* angesteuert und mit neuen Daten versehen werden.

→ Steht der Cursor im Eingabefeld, so wird mit *Return* der angegebene *Callback* ausgeführt.

4.3.2 Numerisches Auslesen der Eingabefelder

Es existieren folgende Funktionen für das Auslesen der Eingabefelder:

→ Numerisches Auslesen:

[a1,a2,···]=geti(H,pos)
v=geti(H,pos)

Alle Eingabefelder, die im Vektor *pos* angegeben sind, werden numerisch ausgelesen und den Variablen $a_1, \cdots a_n$ oder den Elementen des Vektors v zugeordnet. Leere Felder und Felder mit alphanumerischem Inhalt werden als NaN interpretiert.

→ Numerisch Auslesen eines Vektors und zerlegen in seine Komponenten:

[a1,a2,···]=getiv(H,n)

Die Komponenten des Vektors werden einzeln ausgegeben.

→ Einlesen einer Liste, bestehend aus Skalaren und Vektoren:

    [a1,a2,···]=getivek(H,n)

Die Liste besteht aus, durch Kommata getrennte Skalare und Vektoren. In den Vektoren dürfen keine Kommata auftreten.

→ Auslesen mit Begrenzung:

    a=getib(H,n,u,o)   Auslesen mit Begrenzung

Die Ausgabe wird auf $u <= a <= o$ begrenzt. Die Anzeige wird entsprechend verändert.

4.3.3   Alphanumerisches Auslesen der Eingabefelder

→ Alphanumerisches Auslesen:

    strmat=getitxt(H,pos)
    [s1,s2,...sn]=getitxt(H,pos)

Jeder Wert eines Eingabefeldes bildet eine Zeile der Stringmatrix strmat. Alternativ wird jedes Eingabefeld in einem String dargestellt.

Eine weitere Version ist:

    [x1,x2,...xn]=getitxtst(H,pos)

Jetzt wird der ausgelesene String noch mit Anführungszeichen versehen.

→ Auslesen von Bezeichner und Wert:

    strmat=getiall(H,pos)

Bezeichner und Wert eines Eingabefeldes bilden eine Zeile der Stringmatrix *strmat*. Leere Eingabefelder werden als '0' interpretiert.

→ Ein Beispiel zeige die Ausgaben der drei Funktionen.

Das Eingabeelement mit der Nummer n laute 'I|x=|wert'. Nun ist:

```
a=getitxt(H,1)
b=getitxtst(H,1)
c=getiall(H,1)
```

Die Ausgabe im MCW ist:
```
a= wert
b= 'wert'
c= x=wert
```

4.3.4 Setzen der Eingabefelder

Zum Setzen der Eingabefelder dienen die folgenden Funktionen.

$\rightarrow$ Setzen der Ausgabefelder:

> **seti(H,pos,a)**
> **seti(H,pos,e1,e2,e3,...)**

> Die Eingabefelder werden aus einer Stringmatrix a oder numerisch aus Vektor a gesetzt. Alternativ kann ei eine Zahl oder ein String sein. Ein Vektor muss als String angegeben werden, zB. '1:5:200'.

$\rightarrow$ Setzen von Ausgabefeldern mit gleichem Wert:

> **setimul(H,pos,a)**

> Alle Eingabefelder werden auf den String a oder die Zahl a gesetzt.

$\rightarrow$ Formattiertes Setzen:

> **setifor(H,pos,x,format)**

> Das zu $pos(n)$ gehörige Eingabefeld wird mit dem mit $format$ erzeugten String von $x(n,:)$ gesetzt.

$\rightarrow$ Setzen des Textfeldes:

> **setitx(H,pos,strmat)**

> Es können bei allen in pos angegebenen Eingabefelder die Textfelder mit einer Zeile der Stringmatrix strmat besetzt werden.

4.3.5 An- und Abschalten von Eingabefeldern

Eingabefelder können geschaltet werden:

inon(H,pos)	Anschalten
inoff(H,pos)	Anschalten
intog(H,pos)	Toggeln

4.4 Ausgabefelder

$\rightarrow$ Ein Ausgabefeld besteht aus einem Textfeld und dem eigentlichen Ausgabebereich.

$\rightarrow$ Es existieren folgende Funktionen zum Setzen der Ausgabefelder:

> **seto(H,pos,a1,a2,...,an)**
> **seto(H,pos,v)**

> Die ai sind Zahlen oder Strings. v ist ein Zeilenvektor oder eine Stringmatrix. Die Ausgabe erfolgt in die in pos angegebenen Felder.

$\rightarrow$ Zum Rücklesen von Ausgabefeldern dient:

smat=geto(H,pos)

Jedes der in *pos* benannten Ausgabefelder bildet eine Zeile der Stringmatrix *smat*.

$\rightarrow$ Ausgabefelder können geschaltet werden:

outon(H,pos)	Anschalten
outoff(H,pos)	Abschalten
outtog(H,pos)	Toggeln

4.5 Slider

$\rightarrow$ Mit dem Schieber (Slider) kann man auf einfache Weise einen Skalar eingeben.

$\rightarrow$ Wird ein Slider betätigt, so wird der im Definitionsstring angegebene *Callback* ausgeführt. Der Callback kann auch fehlen.

$\rightarrow$ Zum Auslesen von Slidern benutzt man:

[a1,a2...,an]=getsl(H,pos)
v=getsl(H,pos)

Die Sliderstellungen werden in die *ai* oder in $v(i)$ ausgelesen.

$\rightarrow$ Ganzzahliges Auslesen:

[a1,a2...,an]=getslint(H,pos)
v=getslint(H,pos)

Die Sliderstellungen werden in die *ai* oder in $v(i)$ ausgelesen.

$\rightarrow$ Zum Setzen eines Sliders dient:

setsl(H,pos,mat)

Die in pos genannten Slider werden gesetzt. Die Zeilenzahl der Matrix *mat* entspricht der Länge von pos. Jede Zeile enthält entweder den Vektor $[Min, Max, Wert]$ oder nur den *Wert*.

$\rightarrow$ Zur Einstellung der Slidergrenzen dient:

setslgr(H,n,ug,og)

Die neuen Slidergrenzen werden ug und og. Liegt der eingestellte Wert ausserhalb dieser Grenzen so wird er auf die nächstliegende Grenze gesetzt.

$\rightarrow$ Slider können geschaltet werden:

slon(H,pos)	Anschalten
sloff(H,pos)	Abschalten
sltog(H,pos)	Toggeln

4.6 Checkboxes

→ Eine *Checkbox* oder *Kontrollbox* kann zur Eingabe von logischen Variablen genutzt werden

→ Sie kann *aus (off, 0)* oder *an (on, 1)* geschaltet werden.

→ Bei Betätigung wird der im Definitionsstring angegebene *Callback* ausgeführt.

→ Zum Auslesen ruft man:

[a1,a2...,an]=getc(H,pos)
v=getc(H,pos)

Die Checkboxes werden in die ai oder in $v(i)$ ausgelesen.

→ Für manche Anwendungen ist folgende Form besser geeignet:

[a1,a2...,an]=getcm(H,pos,m)

Für die Ausgabe gilt:

m=	ai=
'position'	0 oder 1
'offon'	'off' oder 'on'
'eatext'	Aus- oder Ein-Text
'eavalue'	Aus- oder Ein-Text evaluieren und ausgegeben

→ Der Checkbox-*Text* kann auch geändert werden:

setcs(H,n,txt)

Der Text von Checkbox n wird in den String *txt* geändert.

→ Man kann auch den Zustand von Checkboxes per Programm umschalten:

cbakt(H,n)   Umschalten der Checkbox mit Nummer n.
cbaktall(H,pos)   Umschalten der in *pos* genannten Checkboxes.

→ Mehrere Checkboxes können über folgende Funktion erzeugt werden:

tcb=cb2men(tx,na,at,et)   Checkboxliste erzeugen.
tcb: Stringarray mit Checkboxdefinitionen.
tx: Text, allen Checkboxes gemeinsam.
na: Stringarray der spezifischen Checkbox-Texte
at,et: Gemeinsame Aus- und Eintexte.
Keine Callbacks.

→ Checkboxes können geschaltet werden:

cbon(H,pos)   Anschalten
cboff(H,pos)   Anschalten
cbtog(H,pos)   Anschalten

14

4.7   Radio Buttons

→ Ein Radio Button ist im Prinzip eine Checkbox. Er kann also nur zwei Einstellungen haben.

→ Radio Buttons werden in Gruppen zusammengefasst. Radio Buttons einer Gruppe sind mit *Mutex* verriegelt. Immer nur höchstens ein Radio Button einer Gruppe ist aktiv. Alle anderen sind inaktiv.

→ Bei Betätigung eines Radio Buttons wird der angegebene Callback ausgeführt.

→ Radio Buttons werden von Microsoft mit *Optionsfeld* übersetzt.

→ Auslösung eines Radio Buttons:

   [v,sm]=getr(H,g)

   Auslesen der Nummer $v(i)$ und des Textes $sm(i,:)$ des aktiven Radio Buttons der in $g(i)$ angegebenen Gruppen. Ist kein Radio Button angeschaltet, so wird im Vektor v der Wert 1 eingetragen.

→ Die Betätigung von Radio Buttons kann auch simuliert werden. Hierzu dient die Funktion:

   rbakt(H,nr,n)

   Der n. Radio Button der nr. Gruppe wird ausgelöst.

→ Radio Buttons können geschaltet werden:

rbon(H,pos)	Anschalten
rboff(H,pos)	Abschalten
rbtog(H,pos)	Toggeln

4.8   Popup Menus

In einem Popup Menu kann aus n Alternativen eine ausgewählt werden. Es wird ein Callback ausgelöst.

4.8.1   Auslesen und Einstellung eines Popup Menus

→ Man kann die Stellung eines Popup Menus auslesen:

   [v,s]=getpop(H,pos)
   [v1,s1,...vi,si,...vn,sn]=getpop(H,pos)

   v ist ein Vektor und s ein Stringarray. vi, si entsprechen den Elementen v(i), s(i,:). Ist pos=[1,3,5] und steht Menu 1 auf Zeile 5, Menu 3 auf Zeile 2 und Menu 5 auf Zeile 7, so ist v=[5,2,7]. Jede Zeile von *s* enthält den Text zu diesen Zeilen.

15

$\rightarrow$ Eine zweite Möglichkeit zum Auslesen *eines* Popup Menus ist:

a=getpops(H,n{,w})

Der Rückgabewert ist abhängig vom String w. Es gilt:

w	Ausgabe
'Position'	Stellungsnummer
'String'	Text
'Value'	Evaluierten Text
'Char'	Erster Buchstabe von Text

Fehlt w so wird die Stellungsnummer ausgegeben.

$\rightarrow$ Für mehrere Popup Menus gilt entsprechend:

[a1,a2,...an]=getpopall(H,pos{,w})

Diese Funktion entspricht *getpops* für mehrere Popupmenus mit gleicher Wahl w.

$\rightarrow$ Aus den eingelesenen Texten von Popup Menus kann man ein Cellarray bilden:

a=pop2cell(H,pos)
H: Menuhandle, pos: einzulesende Popups.

Für $k = pos(i)$ wird:
a{i,1}: Beschreibung.
a{i,2}: Eingestellter Text.
a{i,3}: Nummer des eingestellten Textes.

$\rightarrow$ Man kann ein Popup Menu auf einen Wert einstellen:

setpopup(H,n,s)

Ist s eine Zahl, so wird das Popup Menu n auf s gesetzt.
Ist s ein String, so wird das Popup Menu n auf diesen Text s eingestellt.

$\rightarrow$ Man kann die Auswahltexte eines Popup Menus auslesen:

sm=readpop(H,pos)

Die Auswahltext txt jedes in pos fixierten Popup Menus bildet eine Zeile der Stringmatrix sm. Es ist $txt = Text1|Text2|...|Textn$.

4.8.2 Änderung der Belegung eines Popup Menus

Die Belegung eines Popup Menus kann im Betrieb geändert werden.

→ Ändern eines Popup Menus:

chpop(H,pos,strm)

Alle in *pos* angegebenen Popup Menus werden mit einer Zeile von strm ersetzt. Die Strings sind wie im Definitionsstring aufgebaut, beispielsweise gilt für eine Zeile: '*Text1|Text2|...|Textn*'.

→ Anhängen von Menupunkten:

appepop(H,nr,text)

Das Popup Menu wird um den Punkt *text* ergänzt, wenn dieser noch nicht vorhanden ist.

→ Entfernen eines Menupunktes:

skippop(H,nr,text)

Der Menupunkt *text* wird aus dem Popup Menu mit der Nummer n entfernt.

4.8.3 Schalten von Popup Menus

popon(H,pos)	Anschalten
popoff(H,pos)	Abschalten
poptog(H,pos)	Toggeln

4.9 Meldungen

→ In Meldungszeilen kann man kurze Nachrichten ausgeben.

→ Für die Ausgabe von Meldungen existiert die Funktionen:

setm(H,pos,sm{,fgc,bgc})

In die in *pos* bezeichneten Meldungszeilen wird je eine Zeile der Stringmatrix *sm* eingetragen.
Fehlt *fgc* wird die alte Vordergrundfarbe beibehalten.
Fehlt *bgc* wird die alte Hintergrundfarbe beibehalten.

→ Für das Rücklesen von Meldungen existiert die Funktion:

strmat=getm(H,pos)   Meldungen einlesen

→ Schalten von Meldugszeilen:

mon(H,pos)	Anschalten
moff(H,pos)	Anschalten
mtog(H,pos)	Toggeln

5 Popup Menu
im Menubar des Zeichnungsfensters

→ Der Menubar eines Figure kann entweder erweitert oder, falls der Standard-
menubar weggeschaltet ist, ein neuer erzeugt werden.

→ Popup Menus werden wie folgt definiert:

```
txt=char('|menuname_1|submenu_1,1|...|submenu_1,i|...submenu_1,n|',
                            ⋮
         '|menuname_k|submenu_k,1|...|submenu_k,i|...submenu_k,m|',
                            ⋮
         '|menuname_u|');
```

Ein Menu hat die Zeile $1 \leq k \leq u$ und gegebenenfalls die Untermenunummer
$1 \geq i \geq n|m$.

→ Ein Popup Menus wird erzeugt:

P=mkpopup(F,txt,cb,kz)
F: Figurehandle, txt: Menudefinition, cb: Callback, kz: Kennziffer.

Es gilt:

– Bei Betätigung eines Menupunktes wird der Callback $cb(kz, p)$ gerufen.

– Wenn nur ein Hauptmenu vorhanden ist gilt $p = k$.

– Bei vorhandenen Untermenus gilt $p = [k, i]$.

– P ist ein Vektor von Strukturelementen. Die Reihenfolge ist durch txt
gegeben.

– Das zur $k - ten$ Zeile gehörige Element hat den Aufbau:
P(2).h=Handle des Menuelements,
P(2).u= Vektor der Submenuhandles.

→ Auslesen des Popup Menus:

txt=readpopup(P)

Das Stringarray txt entspricht der oben angegebenen Definition.

→ Auslesen der Menubezeichnung:

na=popmre(P,m)
P: Figurehandle.

Es wird der Name des m(1)-ten Menus und gegebenenfalls des m(2)-ten Un-
termenu ausgelesen.

→ Bezeichnungen der Menus verändern:

popnmch(P,sm,k{,n})
P: von mkpopup erzeugte Handlestruktur.

Es sind zwei Fälle zu unterscheiden:
Bei fehlender Angabe von n: Der String sm bildet den neuen Namen des k-ten Hauptmenus.
Ist n vorhanden: Das Stringarray sm bildet die neuen Namen der gemäß Vektor n definierten Untermenus.

→ Die Popup-Menus im Vektor v können zusammen mit eventuellen Untermenus auch geschaltet werden:

popon (HP{,v})	Anschalten
popoff(HP{,v})	Abschalten
poptog(HP{,v})	Toggeln

6   Contextmenus

→ Jedem grafischen Objekt kann ein *Contextmenu* zugeordnet werden. Es besteht aus mehreren Zeilen Text.

→ Ein Contextmenu erscheint im Figure, wenn das grafische Objekt mit der *rechten* Maustaste angeklickt wird.

→ Werden die Zeilen des Menutextes jeweils mit einem Callback verbunden, so wird die zugehörige Funktion bei Anklicken einer Zeile ausgeführt.

→ Zur Verbindung von grafischem Objekt und Contextmenu dient die Funktion:

C=mkcontext(F,HO,LA,CB)

F ist der Handle des Figure in dem das Objekt steht mit dem das Contextmenu verknüpft werden soll.
HO ist der Handle des Objekts mit dem das Contextmenu verknüpft werden soll.
C ist die Handlestruktur des Contextmenus.

Für die Label von Hauptmenu *la* und Untermenus *laui* gilt:
`LA='|la|lau1|...|laui|...|lau2|'`
Für den Callbacks *cb* für Hauptmenu und *cbi* für die Untermenus gilt:
`CB='|cb|cbu1|...|cbui|...|cbun|'`
Wenn Untermenus vorhanden sind setzt man `cb=;`

→ Man kann ein Contextmenu auch auslesen:

[LA,CB]=readcontext(C)

C, LA und CB haben die Bedeutung wie bei *mkcontext*.

21

7 Menuverwaltung bei geschachtelten Funktionen

→ Aus einem Menu-Hauptprogramm *muhp* soll ein Menu-Unterprogramm *muup* gerufen werden.

→ Hierzu muss aus dem Hauptprogramm heraus das Unterprogramm zuerst initialisiert werden.

→ Daran anschließend kann das Unterprogramm aktiviert werden.

→ Ist die Aufgabe des Unterprogramms abgearbeitet, springt das Unterprogramm in das Hauptprogramm zurück.

→ Die ermittelten Ergebnisse können aus dem Unterprogramm durch einen weiteren Aufruf zurückgelesen werden.

→ Endgültig kann das Unterprogramm gelöscht werden.

→ Die erforderliche Funktionen im Hauptprogramm lauten:

  – Initialisierung eines Unterprogramms:
    muup('ini')
    Das Menu einer initialisierten Funktion ist unsichtbar.
  – Aktivierung eines Unterprogramms:
    muup('akt',cbr,p1,p2,...)
    Die Zahl der Parameter *pi* ist beliebig.
    Das zweite Argument ist der Rückkehr-Callback cbr='muup(ken)' ins Hauptprogramm.
  – Auslesen von Daten aus dem Unterprogramm:
    [x1,..xn]=muup('out')
  – Entfernen des Unterprogramms:
    muup('del')
  – Man kann das Unterprogramm auch zusammen mit Menu und Figure des Hauptprogramms löschen:
    delhand(H1,...Hm,'muup1',...'muupn')

→ Für das Unterprogramm stehen folgende Funktionen zur Verfügung:

  – Die Auswahl der Modi *'ini'*, *'akt'*, *'out'* und *'del'* erfolgt mit:
    `if strch(ken,Mode)`
    Alternativ kann man die Funktionen aufrufen:

23

sini(kz)	~ if strch(kz,'ini')
sakt(kz)	~ if strch(kz,'akt')
sout(kz)	~ if strch(kz,'out')
sdel(kz)	~ if strch(kz,'del')

Die Funktionen liefern 1, wenn der gefragte Modus vorhanden ist.

– Aus einem Unterprogramm kann man mit folgender Funktionen zurück-kehren:

backdel(cb,H{, F2})

Menu-, Zeichnungsfenster und gegebenenfalls Zusatzfenster werden gelöscht.

– Weiter kann man rufen:

backf(cb,H)

Das Menufenster und, falls vorhanden, das Zeichnungsfenster werden weg-geschaltet. Der Callbackstring cb kann leer sein, dann erfolgt kein Rück-sprung.

→ Weiter hinten finden sich Muster für Haupt- und Unterprogramm.

8 Dokumentation

8.1 Erzeugen von Postscript-Files

→ Es sollen sowohl von Menus als auch von Zeichnungsfenstern *Postscript−Files* erzeugt werden.

→ Dazu dient die Funktion:

    fig2file(dir,H,F{,B})

Es ist:
dir: Zieldirectory, z.B. $'c : \backslash Data \backslash matlabtext'$.
H,F: Menu- und Figurehandle.
B: Handle für zweites Fenster.
Das Bild wird in ein File mit dem Namen

```
[T,'\backslash',get(H.fig,'Name'),'.suf']
```

gespeichert. Der Suffix *suf* ist entweder *eps* oder *epsc*.

8.2 Einbinden von Postscript-Files in TEX-Files

→ Die Aussagen beziehen sich auf die *WINEDT*-Version des Autors.

→ Das einzubindende Postscript-File muss in dem Directory stehen, in dem das TEX-File, in das das Bild eingebunden werden soll, abgespeichert ist.

→ Der Funktionsaufruf für das Einbinden eines Bildes lautet:

```
\posee{Breite cm}{Filename}{Bildreferenz}{Unterschrift}
```

→ Zwei Bilder nebeneinander kann man ebenfalls einbinden:

```
\posezw{Breite cm}{Filename 1}{Filename 2}{Bildreferenz}{Unterschrift}
```

Die Darstellung erfolgt in einer Figure-Umgebung mit der Positionsangabe [tbp].

→ Eine dritte Funktion erlaubt die Vorgabe der Positionsangabe:

```
\poseep{Breite cm}{Filename}{Bildreferenz}{Unterschrift}{Position}
```

Für die Position gilt eine Auswahl von [htbp].

9 Muster-Menuprogramm

```
% Demonstration der Menuelemente.
% Es werden alle möglichen Elemente gezeigt.
% Beschreibungen siehe die Schrift Benutzerinterface für Matlab.
function DemoBenutzer(kz)
global H F
if nargin==0;tx=char('M#Push Button',...
                'P#Start#*1',...
                'M#Eingabe',...
                'I#x=#3.45#*2',...
                'I#y=#4.67#*2',...
                'M#Ausgabe',...
                'O#z=2*x=',...
                'M#Slider',...
                'S#Schieber fuer u#-2#3#*3',...
                'M#Checkbox',...
                'C#V=#*4#*4#Aus#Ein',...
                'M#Radio Ruttons',...
                'R#RB A|G 1#1#*5',...
                'R#RB B|G 1#1#*5',...
                'R#RB C|G 1#1#*5',...
                'M#Popup Menu',...
                'Z#Ausw 1|Ausw 2|Ausw 3#*6#Möglichkeiten: ',...
                'M',...
                'P#Figures speichern#*8',...
                'M',...
                'P#Ende#*9');
            [H,F]=panel('Text',tx,'Call','DemoBenutzer','Tren','#',...
                'Breite',200,'Eafb',40);
elseif kz==1; Aus(F,'Es wurde der Pushbutton <Start> gedrückt');
elseif kz==2; a=geti(H,1);seto(H,1,2*a);
            Aus(F,char(['x=',num2str(a)],['y=',getitxt(H,2)]));
elseif kz==3; Aus(F,['Slider steht auf x= ', num2str(getsl(H,1))]);
elseif kz==4; Aus(F,['Checbox steht auf ',getcm(H,1,'eatext')]);
elseif kz==5; [v,sm]=getr(H,1);
            Aus(F,['Radio Button ',sm,' ist gesetzt. v=',num2str(v)]);
elseif kz==6; Aus(F,['Einstellung des Popup Menu: ',getpops(H,1,'string')]);
elseif kz==8; fig2file('c:\DATA\Texte',H,F);
elseif kz==9; delhand(H);
end;
% Hilfsfunktion zur Ausgabe.
function Aus(F,tx)
figcl(F);axis off; text(0.1,0.5,tx);
```

27

10 Muster für Hauptprogramm und Unterprogramm

10.1 Hauptprogramm

```
% Muster eines Hauptprogramms, das ein Unterprogramm erzeugt.
% An das Unterprogramm wird ein Text übergeben.
% Im Unterprogramm wird der text ergänzt.
% Das Hauptprogramm holt den Text vom UP und stellt ihn dar.
%
function MusterHp(kz) global H F x
if nargin== 0;tx=char('P|Gehe in Unterprogramm|*2',...
                      'M',...
                      'P|Ende|*9');
             [H,F]=panel('Text',tx,'Call','MusterHP');
             MusterUp('ini');
             x='Susi';
             figcl(F);axis off;text(0.2,0.5,x,'fontsize',20);
elseif kz== 2;menoff(H); MusterUp('akt','MusterHP(3)',x);
elseif kz== 3;menon(H);
             y=MusterUp('out');
             figure(F);text(0.2,0.4,y,'fontsize',20);
elseif kz== 8;fig2file('c:\DATA\Texte',H,F);
elseif kz== 9;MusterUp('del');delhand(H,F); end;
```

10.2 Unterprogramm

```
% Muster eines Unterprogramms
% Es wird vom Hauptprogramm initialisiert.
% Dann wird ein Text übergeben. Dieser wird ergänzt.
% Das Unterprogramm wird gelöscht.
%
function X=MusterUp(kz,p1,p2)
global HUP CB S Xi
if      sini(kz); tx=char('P#Ergänzen#*1',...
                          'M',...
                          'P#Zurueck#*9');
                  HUP=panel('Text',tx,'Sicht','off','Call','MusterUp',...
                            'Tren','#','Figure','no','Hint','no',...
                            'Menu','MusterUp');
elseif sakt(kz); menon(HUP);CB=p1;S=p2;
elseif sout(kz); X=Xi;
elseif sdel(kz); delhand(HUP);
elseif kz==1;    Xi=[S,' und Strolch'];
elseif kz==9;    backf(CB,HUP); end;
```

11 Bemerkung zur Historie

Der Aufbau eines Menus wird in der Funktion *panel*() erreicht. Diese ruft ein älteres Unterprogramm auf:

[H,V]=cntrl(smat,fen,fbz,tre,cbfunc)
Das Fenster ist unsichtbar
Ist cbfunc= '*', so wird nicht substituiert.

In der Tabelle sind die in dieser Funktion benötigten Parameter zusammengestellt:

Parameter	Bedeutung
smat	Textmatrix zur Beschreibung des Menus
fen	=[lk,uk,lea,ppz,mb,hz]
lk	Position der linken Kante des Fensters in Pixel
uk	Position der Unterkante des Fensters in Pixel
lea	Länge der Ein- und Ausgabefelder in Pixel
ppz	Anzahl der Pixel pro Zeichen in Textfeldern
mb	Mindestbreite des Fensters
hz	Höhe einer Menuzeile
fbz	String zur Fensterbezeichnung
tre	Trennzeichen.
cbfunc	Callback-Funktion für $*n, m$ Substitution

12 Download der Software

→ In einem Verzeichnis *UICN.zip* sind alle besprochenen Funktionen, Musterprogramme und Erläuterungen zusammengefasst.

→ Dieses Verzeichnis kann man unter

http://www.itchy-design.de/H_Roderer_UICN.zip

herunterladen.

→ Das Verzeichnis *UICN* muss in den Suchpfad Ihrer *MATLAB* -Installation aufgenommen werden.

→ Nach einem Neustart Ihrer *MATLAB* -Installation sollten sie nun das Programm *DemoBenutzer* aufrufen können.

→ Viel Spaß mit dem neuen Programm.

→ Verwenden Sie die verküzte Adresse

http://www.itchy-design.de

so landen Sie auf der Homepage meiner Tochter Carolin. Vielleicht finden Sie etwas Schönes.

Liste der Funktionen